Todos los libros de Linkgua Ediciones cuentan con modelos de Inteligencia Artificial entrenados por hispanistas. Pregúntale al chat de tu libro lo que desees acerca de la obra o su autor/a.

Para ebooks: Accede a nuestro modelo de IA a través de este enlace.

Para libros impresos: Escanea el código QR de la portada con tu dispositivo móvil.

Obtén análisis detallados de nuestros libros, resúmenes, respuestas a tus preguntas y accede a nuestras ediciones críticas generativas para una experiencia de lectura más enriquecedora.
La transparencia y el respeto hacia la autoría de las fuentes utilizadas son distintivos básicos de nuestro proyecto. Por ello, las respuestas ofrecen, mediante un sistema de citas, las fuentes con las que han sido elaboradas.

Trinidad Hermenegildo Pardo de Tavera

Etimología de los nombres
de razas de Filipinas

Barcelona 2024
Linkgua-ediciones.com

Créditos

Título original: Etimología de los nombres de razas de Filipinas.

© 2024, Red ediciones S.L.

e-mail: info@Linkgua-ediciones.com

Diseño de cubierta: Michel Mallard

ISBN rústica ilustrada: 978-84-9816-784-9.
ISBN ebook: 978-84-9953-142-7.

Sumario

Brevísima presentación

La vida

Trinidad Hermenegildo Pardo de Tavera (1857-1925). Filipinas.

Fruto, de su actividad lingüística y etnológica son los textos aquí reunidos. En 1899 el gobierno revolucionario de Filipinas convocó un congreso en la ciudad de Malolos para redactar la primera constitución de la República; entre los presentes estaba Pardo de Tavera.

Tavera es conocido, además, por su vocación bibliográfica, y tuvo un papel relevante en la implantación del inglés en Filipinas a principio del siglo XX.

Al profesor Dean C. Worcester

le dedica este trabajo,
El Autor

Etimología de los nombres de razas de Filipinas

Después de la fábula de las mil y quinientas islas que componen el Archipiélago Filipino, viene la de las «centenares de razas que en babilónica confusión pueblan las islas,» como dice un autor lírico geográfico que escribió sobre este país. Haciendo omisión de las rocas, peñas, islotes insignificantes, muchos sin vegetación, otros con solo una especie de aves y algunos insectos como fauna, y la mayoría sin un ser humano que le habite, quedan, como islas habitadas y que solo cuentan, al tratarse de Filipinas, unas cuantas desde la de Luzón, que es la mayor, hasta la de Cagayancillo, que es una de las más diminutas. Así ocurre con las famosas «razas», nombre pomposo cuyo significado se ha confundido aplicándolo a agrupaciones políticas que en nada se diferencian unas de otras.

Los estudios etnográficos más recientes han demostrado que las razas que habitan nuestro archipiélago son tres, a saber: Negritos, Indonesianos y Malayos. Pero de estas razas resultan no solo varios mestizajes sino una gran variedad de tribus caracterizadas principalmente por las lenguas o, mejor dicho, dialectos filipinos que hablan. Si nos fundáramos en razones lingüísticas para dar nombres a las diferentes agrupaciones de hombres, el número de las llamadas «razas filipinas», con ser bastante crecido, no llegaría sin embargo a la cifra que hoy alcanza y que el profesor Blumentritt ha tenido la paciente labor de reunir en un folleto por orden alfabético, publicado en español, con el título de «Las razas del archipiélago filipino».

Como los estudios lingüísticos aclaran poderosamente las cuestiones antropológicas, he creído que sería útil hacer una información que permita establecer la etimología de los nombres que hoy se aplican a las diferentes tribus que, con el nombre de razas, pueblan Filipinas.

Las divisiones políticas de las islas responden casi siempre a divisiones fundadas en la lengua, de manera que, principiando por hacernos cargo de los nombres que caracterizan las provincias cuando estas se aplican a agrupaciones que hablan la misma lengua, hallamos en la isla de Luzón los siguientes: Tagalog, Pampango, Bicol, Pangasinan, Sambál, Ilocano, Ibanag o Cagayan. Después veremos que dentro de cada una de estas provincias existen diferentes tribus, muchas con lengua distinta que llevan, por esta razón o por otra desconocida, un nombre diferente.

Bisayas se aplica a tres dialectos hablados en Cebú, Iloilo y Negros: Calamian o Cuyo es también nombre de agrupación lingüista y al llegar a Mindanao vemos que la división territorial no es ya del carácter que en Luzón.

Muchas tribus tienen por denominación, un nombre geográfico: en otra se descubre una razón topográfica, o de costumbres locales, o de relación con otras tribus vecinas. Algunas veces los nombres son sencillamente de la localidad aplicados a los habitantes, otras veces el origen del nombre no aparece tan claro y para descubrir su etimología hay que empezar por descomponerlo para descubrir la raíz como veremos más adelante.

Para mayor facilidad dividiremos los nombres que vamos a estudiar en las agrupaciones siguientes:

Compuestos con el prefijo «Taga» con el prefijo «I» con el prefijo «A» con el prefijo «Ma» con el prefijo «Non » con el prefijo «Ka» y sufijo «An» en otras formas.

Prefijo Taga

Este prefijo, al juntarse con nombres de lugar, significa «nativo de él, natural». Usado solo, no tiene significación alguna y lo encontramos formando nombres de las siguientes agrupaciones étnicas: TAGALOG, TAGABALOY, TAGABAWA, TAGABULU, TAGABELI, TAGACAOLO, TAGABANUA o TAGBANUA, etc. etc.

El significado de semejante prefijo nos lo dan las lenguas polinesianas: en Samoa se llama «taga-ta» el hombre; en Tahití, perdiendo la «g» encontramos la palabra «taa-ta». Es, pues, indudable que «taga», hoy prefijo sin sentido propio como voz aislada, significó primitivamente «hombre». Ahora, veamos la etimología de las otras voces a que lo hallamos unido, para denominar tribus más o menos importantes.

Una de las mayores agrupaciones lingüistas de Filipinas está formada por los «tagalog» con cuyo nombre se denominan los habitantes de las provincias de Manila, Bulakan, Nueva-Ecija, Batáan, parte de Tarlac, Laguna, Tayabas y el distrito de Morong, contando con alrededor de 1.250.000 individuos. Es indudable que, en lo antiguo, todos estos hombres no se llamaron tagalog: este fue nombre de una fracción que habitaba Manila y, por extensión, se aplicó por los españoles a todos los que hablaban igual lengua. Dicha fracción era la que habitaba Tondo, Manila y los pueblos de la cuenca del Pásig, por lo cual, algunos autores antiguos, haciendo etimología de «como suena», explicaron la formación de la palabra como contracción de «taga-ilog« «habitante del río»; pero esto no es posible, porque de ser así no habría desaparecido la letra «i», y aún en caso de que tal hubiera ocurrido, tampoco podría haber quedado la forma «tagálog» acentuada en la segunda «a» sino «tagalóg» por exigirlo así la fonética de la palabra con semejante origen.

Algún autor ha supuesto que este nombre era una composición de «alog» que significa «vadear» de donde «tagalog» significaría «hombres o habitantes del vado». Tampoco nos satisface la explicación, y más lógico es aceptar que proviene de la raíz «alog» que, en Pangasinán, significa «tierra baja que se llena de agua al llover», porque precisamente los indígenas que a la llegada de los españoles se llamaban «tagalog» en la región de Manila, habitaban, lo mismo que hoy, tierras bajas y anegadizas. Probablemente en aquellos días se llamaron «alog» aquellas tierras, y que el nombre, anticuado y en desuso hoy en el tagalog, haya quedado solamente en Pangasinán.

Los indígenas que habitaban las tierras altas se llamaban como hoy «taga-bukít, (bukit, «tierras altas») y los de las montañas «taga-bundok (bundok, «monte»). En la Laguna misma, a los habitantes de sus riberas se les conocía por el nombre de «taga-doongan», llamándose también así los habitantes de la planicie. «Doongan» quiere decir, «embarcadero, lugar u orilla en donde arriman embarcaciones».

Mientras que en Manila se llamaba «taga-bundok» a los montañeses, en la Laguna se les conocía por «tinguianes».

Me había chocado leer en algunos autores la palabra «tingues», haciendo notar la diferencia de la lengua que existía entre los habitantes de los «tingues» y de los valles. Indudablemente quería decir antiguamente «montaña», y tal significado, perdido hoy en tagalog, existe todavía en Malayo. Buscando referencias sobre esta voz, hallé la siguiente en el Vocabulario de Fr. Santos: «los Tingues son desde los montes de San Pablo por Nagcarlan hasta Calaylayan, donde estaba antiguamente la Cabecera de Tayabas, y de allí corre los montes de Cabinti, hasta Ulinguling, que es por cima de Mabitac». Unas líneas antes decía: «propio de los tingues o montes» lo cual no deja duda respecto a la significación que atribuyo a esta voz. De «tingui» salió «tinguian» formado con el su fijo «an» que sirve aquí para hacer nombre de personas.

Los habitantes de la provincia que hoy llamamos Batangas no se llamaron al principio tagalog. El padre San Agustín, en su Historia, dice (pag. 424): «Hablan lengua tagala, que llama Comintana, por llamarse toda aquella tierra Provincia Comintan».

No podemos descubrir la etimología de Comintan, pero veamos la de los otros nombres que hemos enunciado con el prefijo «taga».

«Tagabawa» es el nombre con que se designa a los mestizos de «bagobos», «manobos» y «tagakaolos» que, según Montano, se hallan esparcidos a ambos lados del seno de Davao (Mindanao) en las cercanías del río Hijo. «Bawa» significa «abajo, la parte baja», que se refiere, indudablemente, a río, porque los que habitan río arriba de la misma región reciben el nombre de «taga-kaolo», siendo el significado de «ka-olo», «la parte hacia la cabeza, o el origen del río».

En Mindanao, se conocen, además, los «tagabaloy», nombre que quizás sea una variante de «tagabeli» y «tagabulu», originado probablemente del nombre de la Laguna de Buluan, pero aquí entraríamos en el terreno de las hipótesis, porque carecemos, (y hablo personalmente por mi), de noticias topográficas y lingüistas suficientes para hablar en firme sobre cosas de Mindanao.

Sabemos que en la lengua de muchas de aquellas tribus, en la de los bagobos, por ejemplo, el prefijo «taga» tiene la misma acepción que en tagalog y más amplia aún, porque allá tiene la significación de hombre que posee o lleva tal o cual objeto, precedido por dicho prefijo.

En la Isla de Paragua, o Palawan habitan en la costa «moros» venidos de Jólo y Mindanao y en el interior unos indígenas idólatras, considerados aborígenes en lucha con los de la costa y que se llaman ellos mismos «tagbanuas. Banua», voz de origen polinesiano, («fenua», «tierra») significa en la mayoría de las lenguas bisayas «tierra, país y también población». Claramente se comprende que «tagbanua» quiere decir «hombre del país» o en otros términos, «aborígenes». En la isla de Panay se llamaba antiguamente «tagubanua» y también «banuanon» y «tagolabon» a un díos que, según decían, vivía en los campos y en el monte. Debemos notar que en este nombre observamos dos procedimientos lingüistas: en el primero se usa la forma del tagalog, empleando el afijo «taga», y en el segundo una forma bikol con el sufijo «non» que tiene la misma significación.

Prefijo I

Casi todos los nombres compuestos con el afijo «I» pertenecen a tribus la mayor parte montañesas del Norte de Luzón y son: «Ibalibon, Ibilaw, Ifugaw, Igorrote» («Igolot»), «Ilongot, Isinay, Iraya, Italon, Itawe. Ilokanos e Ibanag», que habitan las llanuras, los «Ibalon» en el Sur de Luzón y los «Idan» en Paragua.

Para buscar sus etimologías recurriremos a las lenguas habladas por los kagayanes, los ilokanos y los gaddanes que son las más importantes de aquella región.

El prefijo I en ibanag, lengua hablada por los indígenas civilizados que habitan las comarcas llamadas Kagayan e Isabela, tiene la misma significación que en tagalog «taga». Dice el padre Fausto de Cuevas en su gramática ibanag que, «antepuesta a los nombres propios de provincias, reinos y pueblos, forma nombres patricios: v. g. Ilal-loc, hombre de Lal-loc; I españa, hombre de España».

Este mismo nombre «Ibanag», quiere decir «habitante de Banag,» que es el nombre del río llamado Grande de Kagayan. En un principio se llamó «Ibanag» a los que habitaban en las orillas del mencionado río desde Aparry, que sea población más vecina al mar, hasta la comarca llamada el Difun, y más propiamente desde Aparri hasta Takalawa, que es un barrio de Lalo, hacia Gataran.

Partiendo de este principio, veamos ahora la etimología de los otros nombres que hemos mencionado, advirtiendo que, como hoy día los conocemos en su forma españolizada, debemos principiar por privarlos de los elementos extraños que aparecen en su contexto, para examinar únicamente una forma indígena.

Los «italones (italon)» habitaban en lo antiguo los montes que se extienden a la extremidad nordeste de la Pampanga, hallándose hoy en las montañas de la Nueva Vizcaya y del Príncipe. En lengua gaddan, «talon» significa «monte» con lo que se deduce que «italon» significa «montañés». Viene en apoyo de esta interpretación la de «itaues o itaves», en puridad «itaw», privándole de la terminación «es» que indica plural castellano, que es el nombre de unos infieles que viven en las llanuras vecinas a las anteriores. En gaddan, la voz «taw» significa «sementera».

«Idaya», dice Blumentritt, que es el nombre de un dialecto de negritos de Kagayan; sin embargo, no es sino una variante de «Iraya» con que se denomina una tribu de salvajes, al parecer mestizos de negritos y malayos, que habitan al sur de los Kalataganes en el lado occidental de la cordillera de Palawan. «Daya, Raya o Saya» significa el «Este» y también el «Sur» en varias lenguas de la región N. de Luzón; pero, en este caso, se refiere al E. porque, aunque sabemos que se hallan al S. de los kalataganes, no es la relación topográfica con estos lo que les da el nombre sino su situación respecto a los «Itetapanes». Estos son unos montañeses que viven en el O. de la Isabela de Luzón, al occidente de los «Idayas» y su nombre lo indica así, porque, en ibanag, «Tatalapan» y «telapan» quiere decir el «Oeste». Los «Katalanganes» son los mismos hombres que los «irayas», hablan el idioma que estos y su nombre les viene del río en cuyas riberas habitan, nombre que, a su vez, es un derivado de «Talang», que es una especie de pino que en aquellos parajes crece con abundancia.

Se llama comúnmente I «gorrotes» a los salvajes que pueblan las montañas de Luzón y aún de otras islas; pero, en las antiguas crónicas filipinas, se conocía únicamente con tal denominación o mejor «Igolot», en su verdadera forma indígena, los infieles que vivían en Benguet y las cercanías del monte Sto. Tomás. Hoy se entiende asimismo nombrar a los salvajes de carácter sanguinario del Norte de Luzón; pero el etnógrafo alemán Hans Meyer y luego el Dr. Schadenberg, dicen que únicamente deben llamarse así los infieles que pueblan Benguet y Lepanto. El hecho es que, lo mismo que «Tinguian», la voz «igorrote» se usa en Filipinas como sinónimo de «montañés salvaje». Este nombre significa lo mismo que «tinguian», «montañés»: en tagalog la raíz «golot», que lo compone, significa «cordillera de montañas», y aunque esta voz no se halla en el único diccionario ibanag que impreso existe, no se puede por esto decir que no se conociera en dicha lengua, como se conoció en lo antiguo la voz «tingue» en el tagalog. Se llama «inibaloy» a un dialecto hablado por los igorrotes y esta voz, en ilocano, significa sencillamente «lengua de extranjeros».

Los llamados «Isinays» son unos infieles que habitan la parte occidental de la Nueva Vizcaya, conocidos también por el nombre de «Ituyes» por llamarse antiguamente provincia de Ituy la comarca que habitan. Su etimología no me parece muy clara: «sina», en ilocano significa «segregación, separación de personas», voz que me parece aceptable como radical de este nombre de tribu, cuando se considera que otra de ellas llamada «ilongot» está formada de la palabra «longot», que en ilocano quiere decir «reunión, conjunto, agregación de personas».

Estos mismos «ilongotes», de costumbres sanguinarias y salvajes, que habitan las comarcas lindantes con las provincias de Nueva Vizcaya, Isabela y Príncipe, reciben también el nombre de «ibilaos», (forma indígena es «ibilaw») cuya etimología, por más esfuerzos que he hecho, queda para mí en la más completa oscuridad. Los «italones» de que antes hicimos mención, son tribu de esta misma raza: al menos los misioneros dominicos dicen que los «italones» de los pueblos altos de Nueva Ecíja, pertenecen a los «ibilaos» y que estos se conocen también por el nombre de «ilongot».

Otra tribu numerosa de raza malaya que vivía en las montañas de Nueva Vizcaya e Isabela, es la llamada «Ifugaw», que parece ser una de las más antiguas de Luzón y cuya etimología la explica el ibanag en donde vemos que «iafugw» significa «isleño». Hoy, todos los individuos de esa raza, que formaban las agrupaciones llamadas silipanes, quianganes, mayoyaos, y bungianes (nombres topográficos), han sido reconcentrados para constituir las rancherías y pueblos de la comandancia de Quiangan.

Se conoce con el nombre de «yogades (yogad)» o «gaddañes» a unos montañeces que en la actualidad habitan en las vertientes de la cordillera central, límite occidental de la provincia de la Isabela, desde la orilla izquierda del río Magat, término del río Mercedes, hasta la jurisdicción de los pueblos cristianos de Itawes.

La etimología de ambos nombres nos la da la lengua ibanag que tanto se parece al gaddan, resultando que «gaddan» y «yogad» tienen la misma significación y origen, solo que el primero es nombre de «lugar» y el segundo de «tribu». Ambos derivan del radical «gad» cuya forma más antigua «ugad», existe también en ibanag y significa «sementera alta». Esta raíz, seguida del sufijo «an», quiere decir «lugar de la sementera alta» como «payaw» vimos que quería decir «sementera baja o de regadío». Los habitantes del «gaddan», llamados hoy así con este nombre de «lugar», se conocieron en lo antiguo por el nombre propio de personas, que es «yogad» formado con el prefijo «i» cuyo significado conocemos y el radical «ugad» igual a «gad» que hemos examinado.

Han sido infructuosas mis investigaciones relativas a la etimología de otros nombres tales como «iloko» que algunos suponen, sugestionados por la analogía, derivar de «ilog« «habitante del río», sin observar que el radical a que se refieren termina con la g, y la voz examinada por k: además la i de la palabra «ilog», río, no es, como en la «iloko», un prefijo, sino parte integral del radical. Tampoco puedo decir nada respecto a «ibalon», nombre que en lo antiguo se daba a los habitantes de Camarines.

«Ilamut», tribu de igorrotes que radica en la cordillera situada entre Nueva Vizcaya y Benguet, parece formado del radical gaddan «lamut», «mezcla», significando quizás mestizo: es etimología solamente probable.

«Idaya» es variable de «yraya» que ya examinamos.

«Ilanos, illanos, lanos, lanaos, malanao» son nombres que se dan a ciertos habitantes piratas de la costa de Mindanao. Son diferentes formas de composición del radical «lanao o lanun» nombre geográfico de una parte de aquella isla.

Prefijo «Ma»

En casi todas las lenguas filipinas «may» o su contracción «ma» o «me» es un prefijo que significa «tener, poseer». Con él se forman adjetivos. De «puti», radical de blanco, se hace «maputi», «que tiene blancura» es decir, blanco; «matamís» de «tamis» que tiene o posee dulzura, «dulce».

Hay así una infinidad de nombres geográficos que se han aplicado luego a los habitantes del lugar, como «Maguindanaw, Malanaw Mamanuas, &. &.»

«Maguindanaw» es el nombre indígena de la isla de Mindanao o más bien de solo una parte de ella. Sus habitantes se llaman del mismo modo. Viene de «Danaw», agua y también laguna, y se aplicó este nombre a aquella región que rodea la gran laguna de «Danaw».

A los moros llamados «illanos, ilanos», se les denomina asímismo «Malanaw»: tiene la misma derivación que Maguindanaw: «lanaw», variante de «danaw», y la voz «illano», en puridad «ilano», tiene el mismo origen con el afijo i, usado más bien en las lenguas del norte del archipiélago.

Los «mamanuas» son unos infieles que habitan la península de Surigao y las orillas de la laguna de Mainit (Mindanao). El padre Jesuita Jaime Planas los llama «negros aborígenes de Mindanao», opinión idéntica a la del jesuita P. J. B. Heras confirmada por el etnógrafo francés Mr. Montano. La etimología viene a corroborar esta opinión, demostrando que el nombre de dichos negritos se deriva de «Banua» tierra, país; «mamanua» «habitantes del país», con una trasformación fonética de «b» en «m».

Una tribu de montañeses infieles del interior de Mindanao, cuya comarca no me es conocida con exactitud, se llama «mananap» o «mananapes» en su forma española. En lengua de los bagobos, «mananap» significa, «bestia, animal» con lo cual se explica el concepto que de tales vecinos tienen los que en la misma isla se llaman «manobos», voz que en bagobo significa «hombre».

Estos manobos son de raza malaya y habitan la cuenca del río Agusan desde Moncayo hasta Butuan: también se hallan en otros sitios de la isla principalmente en el cabo de San Agustín, en la costa oriental de Davao y en la isla de Tumanao o Sarangani del Este. también se denomina así a los otros infieles idólatras de Mindanao, y es fácil comprender que esta denominación abrace a tribus distantes y sea tan generalizada atendiendo a lo que realmente significa.

El jesuita padre Pastells habla de unos infieles llamados «manguan» o «mangulangan» que habitan en la cercanía de Cateel (Mindanao) y en la parte alta del río Salug. Su nombre quiere decir «hombres o habitantes de la selva».

A los habitantes infieles del interior de la isla de Mindoro se les llama «Manguianes». En tagalog, bicol y bisaya, «Manguian» significa «salvaje, montaraz, negros infieles», de suerte que el uso de esta voz es común a un gran número de filipinos, pero, sin embargo, solo se ha aplicado a ciertos habitantes de Mindoro. Primitivamente, sin duda, se daba este nombre tan solo a los que hoy lo llevan en aquella isla, pero su empleo en tres lenguas filipinas nos demuestra que el radical «ngian» tenía en todas esas lenguas un sentido hoy olvidado. En pampango existe todavía ese radical y significa «antiguo», de suerte que podemos deducir que «mangian» es nombre que se aplicó a unos hombres considerados como antiguos pobladores y como tales empujados al interior por modernos invasores que en sus lenguas les llamaron «los antiguos». Como luego resultó que los recién venidos eran o fueron más civilizados que los vencidos empujados al interior o a las montañas, consideraron a estos como cimarrones o salvajes y su antigua apelación tomó por extensión este nuevo significado. Así ocurre con la voz «tagbanua», cuya etimología hemos aclarado, «natural del país», que por ser nombre de infieles montaraces significa hoy día «unos salvajes de Paragua», sencillamente porque la idea de «salvaje» sustituyó a la significación antigua de la voz que se perdió con tantas otras.

Afijo «Ka» y sufijo «An»

Es común a casi todas las lenguas filipinas formar adjetivos y sustantivos con el procedimiento de anteponer a la raíz el prefijo «ka» y posponer el «an». Regularmente los nombres así compuestos son de lugar y refiriéndose a estos se han aplicado luego a sus habitantes. Así ocurre con Kagayan, Kalagan, Kalibugan, Katalangan, Katubagan y tantos otros.

Otras formas

Así como hemos visto los nombres igorrote y tinguian aplicados indistintamente a los infieles que habitan las montañas, así también hallamos en el norte de Luzón el nombre «Kalinga» tan generalmente aplicado a los montañeses de aquella región que, leemos en los escritos de los frailes señalarla con la voz de el «Calinguismo». Unas tribus se dan a otras mutuamente el nombre de «Kalinga» y la razón es bien sencilla: en casi todos aquellos dialectos significa «enemigo», y como la principal ocupación de aquellos salvajes es una lucha constante de una tribu con otra es claro que todos se llaman con la misma voz: «enemigo», «kalinga».

El sufijo «non» se usa en bicol y también en bisaya como «taga» en tagalog, y así vemos que llaman «buquidnon» a unos infieles de raza malaya que habitan la punta oriental del distrito de Misamis y que los españoles llaman «monteses» que es realmente la traducción del nombre filipino que llevan. A los campesinos se les llama en bisayas «banuahanon» de «banua», «tierra, país».

Los «tirurays» de Mindanao se llaman ellos mismos «etew rootor», «gente de arriba» (del río), «etew dawa», «gente de abajo», de la llanura, las vertientes de los ríos, «etew dogot», «gente de mar», los de la costa y «etew tuduk», los montañeses.

La falta de vocabularios de todos los dialectos filipinos no me permite seguir fructuosamente un estudio etimológico completo de los nombres de razas o tribus, pero con lo dicho se ve que todos tienen la misma o idéntica formación.

En Cagayan, habitan las montañas cercanas de Naksiping y Tubang unos infieles pacíficos llamados «aripas». Quitando la s final, que es de plural español, queda «aripa» que en ibanag significa «esclavo».

El averiguar la etimología de «ita, aeta o ata», nombres que en varias lenguas filipinas reciben los llamados «negritos», ha quitado el sueño a muchos etnográficos que se han ocupado en estos interesantes insulares. Algún fraile misionero dijo que la voz significaba «arriba, en lo alto» y que se refería a la habitación elegida por los negritos en las alturas de las montañas. No diré por hoy que tal explicación no es fundada, pero también recuerdo que otros explican su etimología advirtiendo que «itam» significa «color negro» en malayo, y como los negritos tiene derecho a llevar un nombre con tal significado, resulta que no hallo reparo a esta etimología por lo que significa y la doy por lo que vale, lo mismo que la otra.

Los negrillos o sus mestizos que habitan Porak, Tarlac, Mabalacat, Ángeles y Kapas, reciben el nombre de «baluga», voz que en pampango significa «mestizo».

Los errores de imprenta, la ignorancia de algunos escritores y otras causas análogas han engrosado la lista de nombres de tribus filipinas, creando así nuevas dificultades para explicar su etimología. Lo que importa es no establecer diferencias de nombres de tribus que no están fundadas en razón de identidad de lengua: las agrupaciones caracterizadas por el uso de un mismo dialecto deben ser conocidas por un solo nombre distintivo y para fundar después los estudios etnográficos en una base tan firme como las mesuraciones antropológicas, será preciso formar vocabularios de sus lenguas y establecer su mecanismo o sea su gramática.

Obras del mismo Autor

«Contribución a l'etude de la Périarthrite du Genou (affections de la bourse séreuse de la patte d'oie)». Paris, 1886.

«El Sánscrito en la lengua tagalog». Paris, 1887.

«Contribución para el estudio de los antiguos alfabetos filipinos». Losana, 1884.

«La médecine a l'Óle de Luçón». (In Journal de Med. de Paris, 1884).

«Consideraciones sobre el origen del nombre de los números en tagalog». Manila. 1889.

«Las costumbres de los tagalos en Filipinas según el padre Plasencia». Madrid, 1892.

«Plantas medicinales de Filipinas». Madrid, 1892.

«Noticias sobre la imprenta y el grabado en Filipinas». Madrid, 1893.

«El Mapa de Filipinas del padre Murillo Velarde». Manila, 1894.

«Arte de cuidar enfermos». Manila, 1895

«Una Memoria de Anda y Salazar». Manila, 1899.

Libros a la carta

A la carta es un servicio especializado para
empresas,
librerías,
bibliotecas,
editoriales
y centros de enseñanza;
y permite confeccionar libros que, por su formato y concepción, sirven a los propósitos más específicos de estas instituciones.

Las empresas nos encargan ediciones personalizadas para marketing editorial o para regalos institucionales. Y los interesados solicitan, a título personal, ediciones antiguas, o no disponibles en el mercado; y las acompañan con notas y comentarios críticos.

Las ediciones tienen como apoyo un libro de estilo con todo tipo de referencias sobre los criterios de tratamiento tipográfico aplicados a nuestros libros que puede ser consultado en Linkgua-ediciones.com .

Linkgua edita por encargo diferentes versiones de una misma obra con distintos tratamientos ortotipográficos (actualizaciones de carácter divulgativo de un clásico, o versiones estrictamente fieles a la edición original de referencia).

Este servicio de ediciones a la carta le permitirá, si usted se dedica a la enseñanza, tener una forma de hacer pública su interpretación de un texto y, sobre una versión digitalizada «base», usted podrá introducir interpretaciones del texto fuente. Es un tópico que los profesores denuncien en clase los desmanes de una edición, o vayan comentando errores de interpretación de un texto y esta es una solución útil a esa necesidad del mundo académico.

Asimismo publicamos de manera sistemática, en un mismo catálogo, tesis doctorales y actas de congresos académicos, que son distribuidas a través de nuestra Web.

El servicio de «libros a la carta» funciona de dos formas.

1. Tenemos un fondo de libros digitalizados que usted puede personalizar en tiradas de al menos cinco ejemplares. Estas personalizaciones pueden ser de todo tipo: añadir notas de clase para uso de un grupo de estudiantes, introducir logos corporativos para uso con fines de marketing empresarial, etc. etc.

2. Buscamos libros descatalogados de otras editoriales y los reeditamos en tiradas cortas a petición de un cliente.